Perlen~Highlights
Schmuck mit Sicherheitsnadeln

Gladbach · Alban

Regenbogen

- goldene Sicherheitsnadeln, 40 mm
- bunte Rocailles, 2,6 mm
- bunte Stiftperlen, 7/2 mm
- goldene Stiftperlen, 13/2,5 mm
- goldene Oliven, 6/3 mm
- Perlonfaden, 0,35 mm stark

Für die Kette 7 Sicherheitsnadeln bestücken. Diese abwechselnd mal durch die Öse und mal durch das Verschlusskappen-Loch auf 2 Perlonfäden aufreihen. Vor jede Nadel fädeln Sie als Abstandhalter 3 farblich passende Rocailles. Kette auf beiden Seiten mit Stiftperlen und Oliven bis zur gewünschten Länge vergrößern und Kettenverschluss anbringen.

Für das Armband brauchen Sie 28 Sicherheitsnadeln. Viermal den mit Sicherheitsnadeln geschmückten Kettenabschnitt, das entspricht den 28 benötigten Nadeln, auf elastische Fäden ziehen und die Enden gut verknoten.

Den Ring farblich passend arbeiten. Die Stiftperlen liegen dabei immer in der Mitte des Quadrats.

Diese Serie ist einfach nachzuarbeiten.

Impressum:

© 2001 Bücherzauber Verlag, 41540 Dormagen

ISBN: 3-934757-66-9   Best.-Nr.: 57669

Fotos: Peter Wirtz, Dormagen
Grafik/Zeichnungen: Daria Broda
Lithos/Layout/Satz: Marion Haustein, Dormagen
Druck: Neusser Druckerei und Verlag GmbH

Auflage: 8. 7. 6. 5. 4. 3. 2. 1.   Rechte Zahl ist maßgebend.
Jahr: 2005 2004 2003 2002 2001

Vorwort

Perlenschmuck in Verbindung mit Sicherheitsnadeln sieht sehr gut aus und liegt voll im Modetrend. Sicherheitsnadeln werden in verschiedenen Farben und Längen angeboten. Mit Hilfe von unterschiedlichen Perlen, wie z.B. den Rocailles, den Wachs-, Glas- oder Stiftperlen, ist es einfach, für jedes Kleidungsstück den farblich passenden Schmuck selbst zu gestalten. Da die Sicherheitsnadeln kein Nickel enthalten, ist der Schmuck auch für Allergiker sehr gut tragbar.

In diesem Buch zeigen wir einige Möglichkeiten zur Herstellung von Arm- und Fußbändern, sowie Hals- und Bauchketten, die sich leicht nacharbeiten lassen.

Wir wünschen Ihnen viel Spaß beim Fädeln und kreativen Arbeiten.

R. Gladbach   M. Alban

Material & Werkzeug

Perlen

Rocailles
Stiftperlen, Wachsperlen
Glasperlen oder andere
Perlen

Fäden

Zum Auffädeln der Schmuckteile bei Armbändern eignet sich der 1 mm starke Perlonfaden „Magic Stretch" besonders gut.

Für Ketten wird der 0,25 oder 0,35 mm starke Perlonfaden verwendet.

Sicherheitsnadeln

Je nach Schmuckstück werden Sicherheitsnadeln in verschiedenen Farben und Längen eingesetzt. Die Sicherheitsnadel besteht aus:

- Verschlusskappenloch
- Verschlusskappe
- Verschließbare Rückseite
- Nadel
- Öse

Kettenverschlüsse

Ohrhaken
Quetschkalotten

Werkzeug

Flachzange

Schere

Heißkleber

Maßband

4

So wird's gemacht

Armbänder

1. Mit dem Maßband den Umfang des Handgelenkes bestimmen.
2. Perlen auf die Sicherheitsnadeln ziehen und verschließen.
3. Mit einer Flachzange den Kopf der Sicherheitsnadel etwas zusammendrücken. Dadurch wird das Loch auf der Unterseite kleiner und der elastische Faden kann beim fertigen Armband nicht mehr herausrutschen.
4. Die Sicherheitsnadeln und Perlen nach Belieben auf beiden Seiten auffädeln. Da die Verschlusskappen und die Ösen der Sicherheitsnadeln oft unterschiedliche Breiten besitzen, ist es ratsam, Ösen und Verschlusskappen abwechselnd aufzufädeln. Dadurch entstehen gleich lange Seiten. Als Abstandhalter zwischen den Nadeln können alle Arten von Perlen aufgezogen werden. Zum Auffädeln eignet sich besonders der elastische 1 mm starke Faden „Magic Stretch".
5. Wenn die gewünschte Armbandlänge erreicht ist, die Enden der Stretchfäden gut miteinander verknoten.
6. Den Knoten mit wenig Sekundenkleber oder Heißkleber fixieren.

Ketten

1. Mit dem Maßband die Länge der Kette bestimmen.
2. Perlen auf die Sicherheitsnadeln ziehen und verschließen.
3. Bei zwei- oder mehrreihigen Ketten mit einer Flachzange die Verschlusskappe etwas zusammendrücken. Bei einreihigen Ketten ist dies nicht notwendig, da der Faden durch die Öse gefädelt werden kann.
4. Die Perlen und Sicherheitsnadeln nach Belieben auffädeln. Als Aufreihfaden eignet sich ein 0,25-0,35 mm starker Perlonfaden.
5. Den Verschluss an den Enden des Perlonfadens anbringen.

Kindertraum

Kette mit abwechselnden Blümchen

- schwarze Sicherheitsnadeln, 28 mm
- Rocailles, 2,2 mm
- Blütenblätter, 9 mm, mint, pink, gelb, hellblau
- Perlonfaden, 0,35 mm stark
- Verschluss

Je nach Länge der Kette 3-4 Sicherheitsnadeln mit 10 farblich passenden Rocailles und 3 Blütenblättern bestücken und abwechselnd eine Blüte mit Rocailles und eine Sicherheitsnadel auf den Perlonfaden auffädeln (siehe Vorlagenbogen). Verschluss anknoten.

Kette mit 7 Sicherheitsnadeln

- grüne Sicherheitsnadeln, 28 mm
- Rocailles, 2,2 mm, mint, schwarz, grün, smaragd
- schwarze Perlen, 4 mm
- silberne Stiftperlen, 12/2,5 mm
- Perlonfaden, 0,35 mm, Verschluss

Abwechselnd 7 Sicherheitsnadeln mit Muscheln, Blütenblättern und Rocailles nach Vorlage bestücken. Auf die Perlonschnur Rocailles und Stiftperlen abwechselnd (s. Vorlagenbogen) auffädeln. Mittig die Sicherheitsnadeln mit den großen schwarzen Perlen als Abstandhalter fertigen. Zuletzt den Verschluss anbringen.

Armband

- grüne Sicherheitsnadeln, 28 mm
- Stiftperlen, 12/2,5 mm, grünmetallic
- Muscheln, gelb, pink, hellblau, grün
- elastischer Faden

Die Sicherheitsnadeln mit verschiedenfarbigen Muscheln bestücken und auf einem Stretchfaden durch beide Seiten der Sicherheitsnadeln ziehen. Als Abstandhalter die grünen Stiftperlen einsetzen. Enden verknoten.

Ohrringe

- 2 grüne Muscheln
- 2 silberne Ohrfedern
- Rocailles und Blüten, grün, pink, gelb, hellblau

Die Sicherheitsnadeln mit Rocailles und Blümchen im Wechsel einmal in Pink, Gelb, Grün und Hellblau und einer grünen Muschel bestücken. Die Öse der Ohrfeder mit der Zange etwas aufbiegen, die Sicherheitsnadel einhängen und wieder zubiegen.

Young Fashion

- silberne Sicherheitsnadeln, 32 mm
- Rocailles, 2,6 mm, blau, rot, weiß-rot-blau gestreift
- Stiftperlen, 12/2,5 mm, opak-weiß, rot
- Perlonfaden, 0,35 mm
- Verschluss
- silberne Ösen, 7 mm
- Stretchfaden, 1 mm

Kette mit Stiftperlen und Rocailles

Kette laut Vorlage auf den Perlonfaden auffädeln. Durch die unteren Verschlusskappenlöcher der mittig bestückten sieben Sicherheitsnadeln einen Perlonfaden ziehen und als Abstandhalter Stiftperlen benutzen. Verschluss anknoten.

Bauchkette und „Verzierungsketten"

Nach Bauchumfang die Sicherheitsnadeln wie im Muster bestücken. Die Sicherheitsnadeln mit einer Öse verbinden. Verschluss: Sicherheitsnadel.

Die „Verzierungsketten" an Hosentasche, Bustierausschnitt und Hosenseitennaht nach der Motivvorlage fertigen und auf Perlonfaden ziehen. Das Ende an einer Sicherheitsnadel verknoten und in den Stoff heften. Länge nach Gefallen.

Möglichst die Ketten vor dem Waschen abnehmen, da Rostgefahr besteht!

Armband

Die Sicherheitsnadeln laut Vorlage bestücken und einen Stretchfaden durch beide Seiten der Sicherheitsnadeln ziehen. Als Abstandhalter die Stiftperlen in Opak-weiß einsetzen. Enden verknoten.

Ohrring

3 silberne Sicherheitsnadeln (40 mm) nach Fotovorlage bestücken. Einen Perlonfaden durch die Verschlusskappenlöcher ziehen und gut verknoten.

Eine silberne Ohrfeder an der Öse aufbiegen und die Perlonschlaufe einhängen.

Bezaubernde Formen

Armband

- 17 goldene Nadeln, 28 mm
- irisierende Perlen, 4 mm
- irisierende Rocailles, 2,6 mm
- Kettenverschluss
- Stretchfaden, 0,5 mm
- Perlonfaden, 0,35 mm

Untere Nadel mit Perlen bestücken. Den nun folgenden beschriebenen Teil fünfmal nacharbeiten. Führen Sie zwei weitere Sicherheitsnadeln durch die Innenseite der oberen Nadel und schmücken diese mit Perlen. Auf die nächste Sicherheitsnadel zwei 4-mm-Perlen aufziehen. Diese Nadel durch die beiden Verschlusskappenlöcher des zuerst entstandenen Anhängers ziehen und mit weiteren zwei 4-mm-Perlen verzieren. Die Ösen, die sich auf den querliegenden Stangen befinden, mit etwas Metalldraht anbinden.

Perlonfaden in die Mitte der unteren Querstange anknoten. Darauf Rocailles und Kettenverschluss fädeln und erneut in der Querstangenmitte anknoten. Mit dem Stretchfaden eine Schlinge durch die obere Querstange ziehen und beide Enden verknoten.

Kette

- 7 goldene Sicherheits-nadeln, 28 mm
- irisierende Perlen, 4 mm
- irisierende Rocailles, 2,6 mm
- Kettenverschluss
- Perlonfaden, 0,35 mm

Zuerst den Anhänger der Kette, von unten beginnend, nach oben hin nacharbeiten. Die Ösen, die hinterher auf den Querstangen liegen, mit etwas dünnem Metalldraht fixieren.

Auf einen Perlonfaden 22 Rocailles fädeln und diesen Strang zwischen den Anhänger ziehen. Die Kette auf beiden Seiten bis zur gewünschten Länge mit weiteren Rocailles vergrößern. Jetzt brauchen Sie nur noch den Kettenverschluss anzubringen.

Tuttifrutti

Kette

- schwarze Sicherheitsnadeln, 28 mm
- Rocailles, 2,2 mm, blau, rot, gelb, rosa, smaragd
- Stiftperlen, 7/2,5 mm, anthrazit
- Abstandshalter: schwarze Rocailles, 2,2 mm
- Perlonfaden, 0,35 mm ▪ Verschluss

Kette wie in der Vorlage auf den Perlonfaden fädeln. Je nach Name mittig die bestückten Sicherheitsnadeln aufnehmen. Durch die unteren Verschlusskappenlöcher einen Perlonfaden ziehen und als Abstandhalter schwarze Rocailles benutzen. Auf beiden Seiten Rocailles mit Stiftperlen auffädeln und an die Grundkette anknoten.

Armbänder

Grünes Armband
- Rocailles, 2,2 oder 2,6 mm, 3 verschiedene Grüntöne
- schwarze Sicherheitsnadeln, 28 mm
- schwarze Perlen, 4 mm

Buntes Armband
- Rocailles, 2,2 oder 2,6 mm, rot, smaragd, gelb, rosa, hellblau, kristall, orange, dunkelblau
- silberne Sicherheitsnadeln, 34 mm
- schwarze Perlen, 4 mm

Die Sicherheitsnadeln mit den verschiedenfarbigen Rocailles bestücken. Nach der bestimmten Farbfolge auf Stretchfäden fädeln und als Abstandshalter die schwarzen dicken Perlen nehmen. An beiden Seiten gut verknoten.

Lila Versuchung

Kette

- schwarze Sicherheitsnadeln, 28 mm
- irisierende Rocailles, 2,6 mm, schwarze Perlen, 4 mm
- silberne Stiftperlen, 12/2,5 mm
- schwarze Rocailles, 2,2 mm
- Perlonfaden, 0,35 mm stark
- Verschluss

Die Sicherheitsnadeln mit den irisierenden Perlen auffädeln. Als Abstandshalter die schwarzen dicken Perlen benutzen. Die Kette gegengleich mit Stiftperlen und schwarzen Rocailles im Wechsel verlängern. Einen Verschluss anknoten.

Ohrring

- 1 silberne Sicherheitsnadel, 40 mm
- 2 schwarze Sicherheitsnadeln, 28 mm
- irisierende Rocailles, 2,6 mm
- 1 schwarze Perle, 4 mm

Die fertigen Sicherheitsnadeln wie bei der Fotovorlage auf eine Perlonschnur auffädeln und zur Schlaufe knoten. An die Öse der Ohrfeder einhängen.

Armbänder

irisierend

- irisierende Rocailles, 2,6 mm
- schwarze Perlen, 4 mm
- Stretchfaden, 0,5 mm
- schwarze Sicherheitsnadeln, 28 mm

lila

- lila Sicherheitsnadeln, 28 mm
- perlmuttfarbene Rocailles, 2,6 mm, rosa
- irisierende Rocailles, 2,2 mm
- Stretchfaden, 0,5 mm

Die schwarzen Sicherheitsnadeln mit den irisierenden Rocailles bestücken und als Abstandhalter die schwarzen Perlen 4 mm auf den Stretchfaden fädeln und die Enden gut verknoten.

Die lila Sicherheitsnadeln nach Vorlage bestücken. Abstandhalter sind hier 3 irisierende Rocailles.

12

Indian Summer

Kette

- braune Kunststoffbeans, 52 mm
- Rocailles, 2,2 mm, braun, schwarz
- Rocailles, 2,6 mm, mint, weiß-schwarz-gestreift
- schwarze Perlen, 4 mm
- Stiftperlen, 7/2,5 mm, anthrazit
- Perlonschnur, 0,35 mm, Karabinerhaken
- schwarze Sicherheitsnadeln, 28 mm

Kette mit den Rocailles wie folgt auffädeln: 1 schwarze große Perle 4 mm, 2 braune Rocailles, 1 weiß-schwarz-gestreifte Rocaille, 2 braune Rocailles, 1 Stiftperle in Anthrazit, 2 braune Rocailles, 1 Rocaille in Mint, 2 braune Rocailles, 1 Stiftperle, 2 braune Rocailles, 1 weiß-schwarz-gestreifte, 2 braune Rocailles, 1 schwarze große Perle 4 mm, 1 Kunststoffbean usw. ca. sechsmal wiederholen, nach gewünschter Länge.

Das Amulett wie in der Motivvorlage herstellen und an die mittlere Bean-Perle mit einem schwarzen Perlonfaden befestigen, d.h. Perlonfaden durch eine Sequenz des Amulettes und durch die Perle ziehen und verknoten. Den Knoten in die Bean-Perle ziehen. Karabinerverschluss befestigen.

Armbänder

schwarz-rot
- schwarze Perlen, 4 mm
- rote Holzperlen, 4 mm
- schwarze Sicherheitnadeln, 32 mm
- Stretchfaden, 1 mm

Die Sicherheitsnadeln wie auf der Vorlage bestücken und einen Stretchfaden durch beide Seiten der Sicherheitsnadeln ziehen. Enden gut verknoten.

schwarz-braun
- Rocailles, 2,2 mm, schwarz, braun
- Rocailles, 2,6 mm, weiß-schwarz gestreift
- schwarze Perlen, 4 mm
- Stiftperlen, 7/2,5 mm, anthrazit
- schwarze Sicherheitsnadeln, 28 mm
- Stretchfaden, 1 mm

Edle Verführung

Kette

- 9 silberne Sicherheitsnadeln, 32 mm
- Rocailles, 2,6 mm, opak-weiß
- silberne Wachsperlen, 4 mm
- Stiftperlen, 12/2,5 mm, opak-weiß, silber
- sibernes, mattes Dreieck mit geschliffenem Stein
- Perlonfaden, 0,35 mm
- silberner Verschluss

Kette wie folgt auffädeln: Weiße Rocaille und weiße Stiftperle, silberne Wachsperle und silberne Stiftperle im Wechsel je vier- bis fünfmal wiederholen. Nach 2 mal weißen Rocailles und Stiftperlen, 3 weiße Rocailles und die dreieckige silberne Perle mit Stein einfügen. Andere Seite gegengleich ausführen.

9 silberne Sicherheitsnadeln mit jeweils einer weißen Rocaille, silbernen Wachsperle, silbernen Stiftperle, silbernen Wachsperle und weißen Rocaille bestücken. Auf einen Perlonfaden aufziehen und als Abstandshalter eine weiße Rocaille, eine weiße Stiftperle und eine weiße Rocaille nehmen. Diesen Schmuckteil an die erste silberne Wachsperle mittig anknoten, wie es im Foto zusehen ist.

Kontraste

Einfache Kette

- Rocailles, 2,2 mm, weiß
- Rocailles, 2,6 mm, weiß-schwarz gestreift
- Stiftperle, 7/2,5 mm, anthrazit
- Perlonfaden 0,35 mm und Verschluss

1. Sequenz: Eine weiße Rocaille und eine anthrazitfarbene Stiftperle im Wechsel auffädeln (insgesamt fünfmal)

2. Sequenz: Eine weiße Rocaille mit einer weiß-gestreiften Rocaille, wieder einer weißen Rocaille und einer anthrazitfarbenen Stiftperle bestücken. (Diesen Abschnitt fünfmal wiederholen).

Nun wechseln Sie die zwei Sequenzen solange, bis die Kette gut um den Hals passt. Dann den Verschluss anbringen.

Weiße Kette

- 4 schwarze Sicherheitsnadeln, 28 mm
- 5 silberne Sicherheitsnadeln, 32 mm
- Rocailles, 2,6 mm, weiß, irisierend
- schwarze Perlen, 4 mm
- Stiftperlen, 12/2,5 mm, opak-weiß
- Stiftperlen, 7/2,5 mm, anthrazit
- Perlonfaden, 0,35 mm, Verschluss

Auf den Perlonfaden im Wechsel jeweils eine weiße Rocaille und opak-weiße Stiftperle aufziehen. Mittig die Sicherheitsnadeln wie auf der Fotovorlage bestücken. Die großen schwarzen Perlen dienen als Abstandhalter. Zum Schluss den Verschluss anbringen.

Kette mit Mittelteil

- Material wie „einfache Kette"
- 21 siberne Sicherheitsnadeln, 40 mm
- schwarze Perlen, 4 mm

Die 1. und 2. Sequenz nur dreimal wiederholen und mittig die Sicherheitsnadeln mit den schwarzen dicken Perlen als Abstandhalter auffädeln.

Die Sicherheitsnadeln wie folgt bestücken: 1 weiß-gestreifte Rocaille, 1 graue Stiftperle, 1 weiße Rocaille, 1 schwarze Rocaille, 1 weiße Rocaille, 1 graue Stiftperle, 1 weiß-gestreift Rocaille.

Kette mit Verschluss versehen.

Armband

Ca. 30 Sicherheitsnadeln wie oben beschrieben bestücken und auf Stretchfaden fädeln. Als Abstandhalter jeweils eine weiß-gestreifte, schwarze und weißgestreifte Rocaille nehmen. Enden gut verknoten.

Trendy

- schwarze Sicherheitsnadeln, 28 mm
- weiße Rocailles, 2,6 mm
- schwarze Rocailles 2,6 mm
- weiße Wachsoliven, 4 x 8 mm
- schwarze Stiftperlen, 13/2,5 mm
- schwarze Perlen, 4 mm
- Verschluss mit Abschlussperle
- Perlonfaden, 0,35 mm
- Stretchfaden, 1 mm

Kette

5 Sicherheitsnadeln mit je 2 schwarzen Rocailles, 1 weißen Wachsolive und wiederum 2 schwarzen Rocailles schmücken. Bei weiteren 4 Sicherheitsnadeln die zuvor eingesetzten schwarzen Rocailles durch weiße ersetzen.

Mit einem Perlonfaden abwechselnd die beiden Gruppen durch die jeweiligen Ösen auffädeln. Als Abstandhalter zwischen den Sicherheitsnadeln zwei weiße Rocailles verwenden. Dieses Stück ergibt den mittleren Kettenteil. Ergänzen Sie beide Kettenseiten gegengleich beliebig mit weiteren Perlen bis die gewünschte Kettenlänge erreicht ist. Jetzt braucht nur noch der Verschluss angeknotet zu werden.

Handytasche

Fädeln Sie dafür den bei der Kette beschriebenen Mittelteil auf einen elastischen Faden und sichern beide Enden mit einer Quetschperle. Diesen Strang mit ein paar Stichen auf die Mitte der Handy-Tasche nähen.

Felltasche

Diese Tasche ziert ein Perlenstrang auf der äußeren Naht. Dafür ein Fadenende mit einer Quetschperle sichern, stückchenweise Perlen auffädeln und diesen Strang direkt auf die Tasche nähen.

Im unteren Teil der Tasche zwischen je 5 Perlen eine geschmückte Sicherheitsnadel hinzufädeln. Das Ende sichern Sie erneut mit einer Quetschperle.

Lagune

Kette

- schwarzer Nylondraht, 0,4 mm
- goldene Quetschperlen
- goldene Sicherheitsnadeln, 1 x 40 mm und 4 x 28 mm
- smaragdfarbene Scheiben, 6 x 10 mm und 8 x 5 mm
- 6 smaragdfarbene Würfel, 5 mm
- goldene Perlen, 4 mm und schwarze Mosaikperlen
- 2 grüne Wachsperlen, 4 mm
- Metallteile: 8 Herzen, 6 x 6 mm, 2 Oliven, 10 x 5 mm
- goldener Kettenverschluss mit Abschlussperlen

Bestücken Sie die Sicherheitsnadeln mit den Perlen und ziehen die große Nadel auf einen ca. 60 cm langen Perlondraht. Nun die weiteren Schmuckteile des unteren Abschnittes gegengleich zwischen je einer Mosaikperle auffädeln. Beide Seiten mit einer Quetschperle sichern. Die weiteren Abschnitte arbeiten Sie im Abstand von ca. 3 cm. Dabei erneut beide Enden mit einer Quetschperle sichern. Den Perlendraht auf die gewünschte Länge kürzen und den Kettenverschluss anbringen.

Ohrring

- goldene Sicherheitsnadeln,
  1 x 34 mm, 2 x 28 mm
- smaragdfarbene Würfel-Perlen
- 1 Scheibe, 10 mm
- goldene Perlen, 4 mm
- schwarze Mosaikperlen
- 1 goldene Ohrfeder
- 15 cm Nylondraht, 0,4 mm

Die 3 Nadeln mit den Perlen schmücken und auf einen ca. 15 cm langen Perlondraht aufreihen. Auf einer beliebigen Seite führen Sie erneut den Faden durch alle Ösen. Auf die Endstücke je 3 Mosaikperlen aufziehen und beide Enden durch eine Quetschperle ziehen, verschließen und Ohrfeder anbringen.

Armband

- 10 goldene Sicherheitsnadeln, 28 mm
- goldene Perlen, 4 mm
- Stiftperlen, 13/2,5 mm
- schwarze Rocailles, 2 mm
- goldene Rocailles, 2,6 mm
- 4 smaragdfarbene Scheiben, 10 mm
- je 8 Würfel, 5 mm, honig- und smaragdfarben
- 2 helltürkisfarbene Stäbchen, 15 mm
- 12 Metallherzen, 6 x 6 mm
- Stretchfaden

Die Nadeln mit den Rocailles und Glasperlen schmücken. Die Glasperlen sollen sich danach in der Nadelmitte befinden. Auf 2 Stretchfäden reihen Sie die Nadeln zwischen ca. 2 cm langen Perlenstücken, die beliebig aus Stiftperlen, Metallteilen, Würfeln und Rocailles gefädelt werden. Fäden verknoten.

Summertime

Kette

- Rocailles, 2,6 mm, kristall ▪ silberne Wachsperlen, 4 mm
- 5 blaue und 5 türkise Glasscheiben, Ø 10 mm
- 4 hellblaue und 3 blaue Perlen, 4 mm
- 2 Doppel-S-Perlen, 12 mm, türkis
- 2 Stiftperlen, 15 mm, hellblau
- 8 Würfel-Perlen, 5 mm, anthrazit ▪ 4 Zylinder, 12 mm
- 4 Rohre, 3 x 4 mm, anthrazit
- 3 Metallblümchen, silber mit Rocailles in den passenden Farben
- 16 silberne Sicherheitsnadeln ▪ Quetschperlen
- Karabinerverschluss ▪ blauer Nylondraht, 0,4 mm

Die 16 Sicherheitsnadeln wie auf dem Foto bestücken und auf einen ca. 50 cm langen, blauen Nylondraht mittig aufziehen. Als Abstandhalter silberne Wachsperlen (4 mm) zwischenfädeln. Je eine kristallfarbene Rocaille mit einer silberfarbenen Wachsperle abwechseln (dreimal). 2 Rocailles in Kristall, eine blaue Scheibe, 3 Rocailles in Kristall, einen Würfel in Anthrazit, 1 Rocaille in Kristall und eine Quetschperle aufziehen. Die Quetschperle fest zudrücken. Andere Seite gegengleich arbeiten.

Jetzt noch zwei ca. 50 cm lange Perlondrähte durch die unteren Verschlusskappen der Sicherheitsnadeln ziehen, diesmal als Abstandhalter 1 Rocaille in Kristall, 1 silberne Wachsperle, 1 Rocaille in Kristall sowie eine blaue Perle in der Mitte benutzen.

Weiterarbeiten wie oben beschrieben und mit einer Quetschperle beide Seiten sichern. Nun alle 3 Drähte durch das Doppel-S ziehen und von beiden Seiten mit Quetschperlen sichern. Jetzt abwechselnd auf je einem Draht den Zylinder, die Scheibe und den Würfel mit Quetschperlen sichern. Zum Schluss alle 3 Drähte mit 3 aufeinanderfolgenden Quetschperlen absichern und dann 10 kristallfarbene Rocailles im Wechsel mit dem kleinen Rohr und der blauen Perle aufziehen. Andere Seite gegengleich arbeiten. Am Ende den Verschluss anbringen.

Armband

- Material wie Kette
- Stiftperlen, 7 x 2,5 mm, anthrazit
- Rocaille, 2,2 oder 2,6 mm, silber, blau, grün, weiß
- Stretchfaden

Hier werden die Sicherheitsnadeln nach eigenen Vorstellungen bestückt. Es sind Ihnen keine Grenzen gesetzt. (siehe Foto). Die Nadeln abwechselnd auf den Stretchfaden ziehen. Als Abstandhalter eine silberne Rocaille, eine graue Stiftperle und wieder eine silberne Rocaille nehmen. Beide Enden wieder gut verknoten.

Sky

- silberne Sicherheitsnadeln, 28 mm
- hellblaue Stiftperlen, 7/2 mm
- hellblaue Rocailles, 2,6 mm
- weiße Wachsperlen, 4 mm

Ketten

- weiße Wachstropfen, 4/8 mm
- weiße Wachsoliven, 6/10 mm
- weiße Wachsperlen, 3 mm und 5 mm
- 1 Kettenverschluss für die einfache Kette
- 4 Kettenverschlüsse für die eng anliegende Kette
- Perlonfaden, 3,5 mm

Armband: Stretchfaden, 1 mm

Ohrring: silberne Öse, silberner Ohrhaken

Kette enganliegend

Bestücken Sie die 37 Sicherheitsnadeln nach Vorlagebogen. Verschluss-Seiten vorsichtig zusammendrücken. Die Gruppen abwechselnd, mit je einer 4-mm-Perle dazwischen, auf 2 Perlonfäden aufziehen. Die Ösen sollen danach auf der einen Seite und die Verschlusskappen auf der anderen Seite liegen. Da die Verschlusskappen mehr Platz einnehmen, spreizt diese Seite etwas mehr auseinander. Befestigen sie an allen Enden je eine Abschlussperle mit Verschluss. Zwei Perlonfäden an die Rückseite der oberen und unteren Abschlussperle knoten.

Jetzt können auf beiden Seiten so lange beliebig weitere Perlen aufgefädelt werden bis die Kette den gewünschten Halsumfang erreicht. Zum Schluss die beiden zuletzt gearbeiteten Stränge auf die gegenüberliegende Seite an die verbleibenden Abschlussperlen knoten.

Kette einfach

9 Sicherheitsnadeln nach Fotovorlage schmücken und mit je einer weißen 5-mm-Wachsperle dazwischen auf einen Perlonfaden aufziehen. So lange auf beiden Seiten die verschiedenen Perlen gegengleich auffädeln, bis die gewünschte Kettenlänge erreicht ist. Die Fädenenden an den Verschluss knoten.

Armband

Das Armband besteht aus 2 Sorten unterschiedlich geschmückter Sicherheitsnadeln. Jede Sorte 22-mal nach Vorlagebogen nacharbeiten. Die Nadeln abwechselnd mit je einer weißen 4-mm-Perle als Abstandshalter auf die Stretchfäden ziehen. Enden verknoten.

Ohrring

Die Nadeln nach Fotovorlage schmücken. Drei Nadeln mit einer Öse zusammenfassen. Durch diese Öse ziehen Sie auch den Ohrhaken.

Traum in Türkis

Kette türkis

- 12 Sicherheitsnadeln, 28 mm
- 2 Kettenverschlüsse mit Verschlussperlen
- türkisfarbene Rocailles, 2,6 mm
- türkisfarbene Stiftperlen, 7/2 mm
- goldene Perlen, 3 mm
- Perlonfaden, 0,35 mm stark

Perlen nach Vorlagenskizze auf die Sicherheitsnadeln ziehen. Verschlusskappen mit einer Flachzange vorsichtig zusammendrücken. An zwei ca. 50 cm langen Perlonfäden je einen Kettenverschluss anbringen und die Schmuckteile nach Vorlage aufziehen. Die Fäden an den Kettenverschlüssen anknoten. Die Ösen sollen sich nachher auf der einen Seite und die Kappen auf der anderen Seite befinden.

Armband

- 40 goldene Sicherheitsnadeln
- türkisfarbene Rocailles, 2,6 mm
- türkisfarbene Stiftperlen, 7/2 mm
- goldene Perlen, 4 mm
- Stretchfaden, 1 mm

Die Sicherheitsnadel nach Vorlage bestücken. Diese abwechselnd, mit einer goldenen 4-mm-Perle dazwischen, nach Vorlagenskizze auf 2 Stretchfäden aufziehen. Die Enden gut miteinander verknoten.

Ohrring türkis

- 2 Ohrhaken
- 4 Sicherheitsnadeln, 28 mm
- türkisfarbene Rocailles, 2,6 mm
- türkisfarbene Stiftperlen, 7/2 mm

Je zwei Rocailles, dann eine Stiftperle und erneut zwei Rocailles auf die Sicherheitsnadeln ziehen. Ohrhaken öffnen, die Ösen der Sicherheitsnadeln einstecken und wieder verschließen. Zweiten Ohrring gegengleich arbeiten.

Frühlingserwachen

- silberne Sicherheitsnadeln, 28 mm
- violette Stiftperlen, 7/2 mm
- fliederfarbene Rocailles, 2,2 mm

Armband
- Stretchfaden, 1 mm
- silberne Stiftperlen, 13 mm

Kette & Bauchkette
- Kettenverschluss mit Abschlussperle
- Perlonfaden, 0,35 mm

Kette

Bestücken Sie 9 Nadeln nach Fotovorlage. Zwei Perlonfäden durch die Abschlussperle ziehen, verknoten und Abschlussperle verschließen. So entstehen die Kreise: Auf beide Fäden reihen Sie 9 Rocailles und ziehen eine Stiftperle auf die obere Fadenreihe. Den unteren Faden durch diese Stiftperle fädeln. Er wechselt dabei nach oben und der obere nach unten. Die mittleren 8 cm der Kette werden zusätzlich in jedem zweiten Kreisabschnitt mit 3 Schmucknadeln verziert. Diese zwischen je 2 Rocailles auf den unteren Faden aufziehen und erneut durch die obere Stiftperle zum Kreis schließen. Der untere Teil besteht dabei nur aus 8 Rocailles und 3 Nadeln. Wenn die gewünschte Länge erreicht ist, Kette mit je 9 Rocailles auf jedem Faden beenden. Beide Fäden erneut durch die zweite Abschlussperle ziehen, gut verknoten und mit der Perle verschließen.

Armband

Die 32 Sicherheitsnadeln nach Vorlage bestücken. Das Armband besteht aus Gruppen mit je 4 Sicherheitsnadeln. Die Gruppen abwechselnd einmal durch die Öse und danach durch die Verschlusskappe fädeln. Zwischen jede Nadel ein Rocaille und zwischen jede Gruppe eine lange Stiftperle fädeln. Fadenenden gut verknoten.

Bauchkette

Für die Bauchkette befindet sich eine eine Skizze auf dem Vorlagenbogen.

Akzente

Kette

- 9 silberne Sicherheitsnadeln, 28 mm
- anthrazitfarbene und pinkfarbene Rocailles, 4 mm
- anthrazitfarbene und pinkfarbene Stiftperlen, 2/7 mm
- 8 asymmetrische Perlen in verschiedenen Größen, ca. 5 + 8 mm
- silberner Karabinerkettenverschluss

Die bestückten Nadeln durch die Ösen mit je 2 pinkfarbenen Rocailles als Abstandhalter, auf einen Perlonfaden aufziehen. Die Kette gegengleich mit weiteren Perlen verlängern. Dabei arbeiten Sie die asymmetrischen Perlen verteilt ein. Wenn die gewünschte Länge erreicht ist, die Fäden an den Kettenverschluss anknoten.

Armband

- 40 schwarze Sicherheitsnadeln, 32 mm
- pinkfarbene Rocailles, 2,6 mm
- schwarze Perlen, 4 mm
- Strechfaden, 1 mm

Bestücken Sie die Sicherheitsnadeln nach Vorlagenbogen. Beide Sorten abwechselnd durch die Öse und die andere Sorte durch die Verschlusskappe auf den Stretchfaden ziehen. Als Abstandhalter fädeln Sie immer je eine 4-mm-Perle zwischen die Schmucknadeln. Fäden gut miteinander verknoten.